ANALIZA KSIĄŻKI

AF142079

Ojciec Goriot

Honoré de Balzac

ANALIZA KSIĄŻKI

Napisany przez Pierre Weber
Przetłumaczony przez Kâmil Kowalski

Ojciec Goriot

· ·

HONORÉ DE BALZAC

HONORÉ DE BALZAC

PISARZ FRANCUSKI

- **Urodził się w Tours w 1799 r.**
- **Zmarł w Paryżu w 1850 r.**
- **Godne uwagi prace:**
  - *Szuanie* (1829), powieść
  - *Eugenia Grandet* (1833), powieść
  - *Ojciec Goriot* (1835)

Honoré de Balzac (1799-1850) to jeden z głównych autorów francuskich XIX wieku. Jako młody człowiek zdołał wejść do arystokratycznego środowiska paryskiego, w którym odtąd nigdy nie przestawał bywać. Jednak nieudane przedsięwzięcia i nadmierny styl życia szybko go zrujnowały: literatura, którą uprawiał wytrwale i z pasją, stała się wkrótce jego jedynym sposobem na spłatę długów.

Człowiek ambitny, rozpoczął monumentalne dzieło *Komedia ludzka,* składające się z ponad dziewięćdziesięciu powieści, których celem było odmalowanie jak najbardziej wyczerpującego obrazu społeczeństwa swoich czasów ("konkurować z rejestrem cywilnym"). Do jego najbardziej znanych dzieł należą *Eugenia Grandet* (1833) i *Ojciec Goriot* (1835).

Balzac uważany jest za jednego z ojców nowoczesnej powieści realistycznej.

OJCIEC GORIOT

KLASYKA REALIZMU

- **Gatunek:** powieść
- **Wydanie referencyjne:** De Balzac, H. (2015) *Ojciec Goriot.* New York: World Classic.
- **Pierwsze wydanie:** 1835
- **Tematy:** ojcostwo, wspinaczka społeczna, intryga, morderstwo, XIX-wieczne społeczeństwo francuskie

Ojciec Goriot, wydany w 1835 roku, odniósł natychmiastowy sukces i położył podwaliny pod *Komedię ludzką.*

Wszystkie składniki powieści balzakowskiej są obecne w tym dziele. Inauguruje ono koncepcję powracających postaci i nosi wszystkie typowe cechy stylu Balzaka: precyzyjne opisy, pożerające namiętności, młodzi bohaterowie i piękne damy należące do dobrego towarzystwa, bandyta zagrażający równowadze, pieniądze i tragedie, które wstrząsają sumieniami. *Ojciec Goriot* to przede wszystkim historia edukacji młodego Rastignaca, zarówno społecznej, jak i sentymentalnej, oraz tragicznego losu ojca Goriota.

PODSUMOWANIE

Historia rozgrywa się w Paryżu w 1819 roku, w domu Vauquer, nikczemnym i tanim pensjonacie, w którym mieszka około dziesięciu osób wydanych z każdego środowiska społecznego (studenci, starcy, młode kobiety itp.). Tu właśnie mieszka Eugène de Rastignac, młody student, który przyjechał ze wsi.

Ambitny Rastignac szuka najlepszego sposobu na zapewnienie sobie awansu społecznego, wybierając w końcu dwie różne możliwości: intrygę miłosną i polityczną oraz pracę i naukę. Kontaktuje się ze swoją kuzynką, Madame de Bauséant, aby uzyskać wstęp na paryskie salony. Tymczasem intryguje go również dwóch pensjonariuszy: Vautrin, którego nocna działalność wydaje się podejrzana, oraz stary ojciec Goriot, dyskretny i zrujnowany starzec, o którym sądzi się, że utrzymuje kochanki.

Rastignac poznaje hrabinę Anastazję de Restaud i baronową Delphine de Nucingen, które okazują się być córkami starego ojca Goriota. W ten sposób Rastignac poznaje historię starego człowieka, byłego sprzedawcy vermicelli, który dorobił się fortuny, ale musiał się cofnąć po wydaniu za mąż swoich dwóch córek. Zrujnował się dla nich, spełniając każdą ich zachciankę, otrzymując w zamian jedynie pogardę.

Vautrin, domyślając się, że Rastignac jest ambitnym młodym człowiekiem, oferuje mu cyniczną radę, która ma zapewnić mu sukces. Sugeruje, by uwiódł Victorine Taillefer, młodą mieszkankę pensjonatu, która została odrzucona przez swoją bogatą rodzinę, a następnie by kazał zabić jej brata, co zmusiłoby rodzinę do ponownego przyjęcia jej do siebie. Dzięki temu stałaby się doskonałą perspektywą i wyszłaby za Rastignaca, co spowodowałoby jego wzbogacenie się. Vautrin poprosiłby wówczas o część tej fortuny.

Niezdecydowany, Rastignac nie chce tak bardzo narażać swojego sumienia i odrzuca propozycję Vautrina. Decyduje się na uwiedzenie Delphine de Nucingen, której małżeństwo jest nieszczęśliwe, i udaje mu się to.

Dzięki związkowi z Delphine, Rastignac zaprzyjaźnia się z Goriotem, który patrzy na ten związek jak na sposób na częstsze widywanie córki. Staruszek wydaje ostatnie swoje pieniądze, aby pomóc jej wyjść z kłopotów finansowych i kupić Rastignacowi porządne mieszkanie, w którym oboje kochankowie będą mogli przeżyć swoją cudzołożną miłość.

Vautrin nie rezygnuje ze swojego planu i podstępem udaje mu się zmusić Rastignaca do współpracy. Nie wie jednak, że dwaj inni pensjonariusze zastawili na niego pułapkę, gdyż policja rozpoznała w nim Julesa Collina, pseudonim Trompela-Mort, zbiegłego więźnia o ciężkiej kryminalnej przeszłości. Tuż po zamordowaniu brata Victorine Taillefer, podczas gdy on sam cieszy się ze swojego sukcesu, Vautrin zostaje aresztowany.

Dla ojca Goriota sprawy szybko się zmieniają. Podczas gdy spodziewał się, że skorzysta z umów mieszkania Rastignaca, jego córki Delphine i Anastazja gnębią go, kłócąc się ze sobą i opowiadając o swoich nowych potrzebach pieniężnych, a mianowicie na bardzo modny bal, który zamierza urządzić

Madame de Beauséant. Rastignac płaci w zastępstwie ojca Goriota, po czym obie córki porzucają ojca.

Zraniony przez egoizm i niepokój swoich córek, ojciec Goriot ulega emocjom, które pozostawiają go umierającego. Podczas gdy on leży umierający, jego córki uczestniczą w balu. Umiera w końcu, wśród niemal powszechnej obojętności, po tym jak najpierw gorzko obwiniał, a potem wymyślał wymówki dla swoich córek. Rastignac, który czuwa nad nim niemal bez przerwy, jest przy nim, gdy staruszek umiera, a wraz z nim znikają jego ostatnie złudzenia.

Na pogrzebie Goriota, Rastignac i Christophe, dozorca pensjonatu, jako jedyni podążają za konwojem. Po uroczystości Rastignac spogląda na Paryż z wysokości cmentarza Père Lachaise i rzuca stolicy wyzwanie tymi słowami: "Teraz to sprawa między tobą a mną!".

STUDIUM POSTACI

EUGÈNE DE RASTIGNAC

Eugène de Rastignac to młody student prawa, świeżo przybyły ze wsi. Inteligentny, zdolny i ambitny, ma wszystko, czego potrzebuje, by odnieść sukces. Jego fizyczne piękno odzwierciedla szlachetność jego duszy: przybył do Paryża z najlepszymi intencjami, gotów ciężko pracować, by honorowo zbudować sobie karierę. Szybko jednak odkrywa, że aby wieść życie, o jakim marzy, będzie musiał wykorzystać swoje kontakty i intrygi.

Dlatego Rastignac szuka w swoim życiu wzorców do naśladowania. Po kolei prowadzą go różne postaci, z których każda reprezentuje jedną stronę rzeczywistości:

• Madame de Beauséant, jego kuzynka, wprowadza go w paryski świat towarzyski. Oferuje jasny i pragmatyczny pogląd na ówczesne społeczeństwo, nie tracąc przy tym wielkości duszy. To ona proponuje uwiedzenie Delphine de Nucingen. Ona reprezentuje rodzaj równowagi, którą Rastignac będzie próbował osiągnąć.

• Vautrin jest obrazem diabolicznego ojca. Broni on skrajnie cynicznego i pesymistycznego spojrzenia na społeczeństwo, w którym egoizm i chciwość są najważniejsze. Aby zapewnić sobie sukces, dopuszczalne są wszelkie środki, łącznie z korupcją i morderstwem. Vautrin stwierdza również, że niewiele obchodzi go ludzkie życie.

- Ojciec Goriot to obraz dobrotliwego ojca. Uosabia zarówno pomysłowość w osiąganiu sukcesu rynkowego, jak i, co ważniejsze, lojalność, siłę ojcowskiego zaangażowania i oddania rodzinie.

Rastignac, mimo że pozwala tym postaciom wpływać na siebie i w momencie spotkania z nimi przebudowuje swoją wizję świata, szybko udaje mu się wchłonąć esencję ich nauk, by przewyższyć ich i wznieść się ponad tłum. W tekście wyraźnie i kilkukrotnie nawiązuje do jego przyszłego sukcesu.

OJCIEC GORIOT

Ojciec Goriot jest postacią monomaniakalną: uosabia pasję absolutnego ojcostwa. On, który dorobił się majątku w handlu, zaprzestał swojej działalności, aby być tylko ojcem, całkowicie oddanym swoim córkom. One są jego jedynym celem, do tego stopnia, że jest gotów poświęcić się, aby być dla nich użytecznym lub miłym.

Jego śmierć, w ubóstwie i obojętności, opuszczonym przez córki, które tak bardzo kochał i chronił, czyni go postacią niemal Chrystusową. Jednak za jego hojnością kryje się nadmierna namiętność Goriota do swoich córek. Miłość, którą im poświęca, jest dusząca, zaborcza: dlatego możemy zrozumieć, że w ten czy inny sposób próbują od niego uciec. Jest kimś w rodzaju fetyszysty, jak pokazuje, gdy prosi Rastignaca o kamizelkę, na której płakała Delphine, i wydaje się niemal kazirodczy, gdy chce zająć część mieszkania Rastignaca, by przez pełnomocnika cieszyć się swoim związkiem z Delphine.

VAUTRIN

Podczas gdy Ojciec Goriot jest postacią przypominającą Chrystusa, ze wszystkimi związanymi z tym dwuznacznościami, Vautrin jest ucieleśnieniem zła. Makiaweliczny kalkulator, jest zbiegłym skazańcem, który nie waha się uzurpować tożsamości i nie ma żadnych moralnych granic, jeśli chodzi o osiąganie swoich celów. Kiedy jego prawdziwa tożsamość zostaje ujawniona, zostaje mu odebrana peruka i odsłonięte zostają rude włosy, co jest aluzją do płomieni piekielnych (posiadanie rudych włosów od dawna uważane jest za znak przynależności do diabła).

Vautrin to także uwodziciel, który wie, jak zyskać uznanie pensjonariuszy pensjonatu Vauquer, do tego stopnia, że bronią go, gdy zostaje aresztowany. Jeśli chodzi o jego zainteresowanie Rastignacem, to można to wyjaśnić na kilka sposobów:

- Ma jakiś osobisty interes w tej relacji, którego tekst nie pozwala czytelnikom zidentyfikować;

- Sprawia mu przyjemność "pisanie losu Rastignaca", bycie panem jego życia w taki sam sposób, w jaki autor wymyśla życie jednego ze swoich bohaterów (można zatem przeprowadzić paralelę między Vautrinem a Balzakiem);

- Doświadcza atrakcji homoseksualnych, co jest dyskretnie sugerowane w tekście.

DELPHINE DE NUCINGEN

Córka ojca Goriota, zostaje wydana za mąż za barona de Nucingen, człowieka zdegradowanego przez egoizm i pieniądze, który zabiera jej majątek dla swoich interesów i własnego interesu. Delphine jest nieszczęśliwa w tym małżeństwie, a powiew świeżości odkryje w cudzołożnym związku z Rastignacem.

Postać ta oscyluje między pewną wielkością duszy, okazującą niekiedy szczere i bezinteresowne uczucia, a całkowitym zniewoleniem pozorów (Madame de Beauséant mówi w pewnym momencie: "Madame de Nucingen wylizałaby całe błoto między Rue Saint-Lazare a Rue de Grenelle, byle tylko dostać się do mojego salonu"). Zamiast być przy umierającym ojcu, woli iść na bal; nie weźmie też udziału w pogrzebie.

ANALIZA

OPOWIEŚĆ O INICJACJI

Większość powieści dotyczy Eugène'a de Rastignaca, który jest głównym bohaterem. Czytelnik śledzi jego pierwsze kroki w paryskim świecie i widzi, jak kładzie fundamenty pod swoje przyszłe wyniesienie. Przez całą powieść otrzymuje on podwójne wykształcenie:

- Edukacja społeczna. Taktyczny i sprytny, szybko udaje mu się wykorzystać posiadaną broń, by stać się wyróżniającym się młodzieńcem w paryskiej społeczności. Poznaje jej kody, tajemnice i intrygi rządzące tym uniwersum i potrafi je wykorzystać na swoją korzyść.

- Edukacja sentymentalna. Poprzez swój związek z Delphine, Rastignac odkrywa wszystkie etapy miłości, najpierw flirty budzącej się miłości (gdy po raz pierwszy spotykają się w operze), potem długi okres podniecenia i pożądania, spełnienie namiętności, a w końcu rozczarowanie (z powodu postawy Delphine po śmierci Goriota).

Dusza Rastignaca w wyniku tej podwójnej edukacji staje się niezwykle twarda; traci on wszystkie złudzenia z czasów, gdy był uczciwym młodzieńcem, uświadamiając sobie, że pieniądze i władza są motorami świata. Powieść opowiada zatem o utracie jego niewinności. Początkowo niechętny, Rastignac w końcu przyjmuje punkt widzenia Madame de Bauséant i

Vautrina, zgodnie z którym trzeba zapomnieć o sumieniu i skrupułach, aby osiągnąć sukces. Nie poddaje się jednak i decyduje się na walkę ze społeczeństwem.

Balzac kreśli więc bardzo pesymistyczny portret społeczeństwa swoich czasów, w którym ideały ustępują miejsca indywidualizmowi, chciwości i żądzy chwały. Wszyscy bohaterowie mają swoje porażki i ciemne strony, może z wyjątkiem lekarza Bianchona, który działa w sposób bezinteresowny podczas śmierci Goriota, i Victorine Taillefer, czystej i naiwnej młodej kobiety, która jest ucieleśnieniem niewinności.

TEMAT OJCOSTWA

Jak już powiedziano, temat ojcostwa zajmuje w powieści centralne miejsce. Krótko reasumując:

- Ojciec Goriot jest ojcem absolutnym, całkowicie zdefiniowanym przez jedyne słowo "ojciec", gotowym umrzeć za swoje córki, z którymi łączy go skomplikowana relacja;

- Vautrin jest formą diabolicznego ojca, który próbuje skorumpować Rastignaca;

- Rastignac to postać, która szuka wzorców do naśladowania, a dokładniej postaci ojca.

MODEL POWIEŚCI BALZAKOWSKIEJ

Ojciec Goriot uważany jest za typowe dzieło balzakowskie. Rzeczywiście, można w nim odnaleźć większość elementów określających jego twórczość:

- Opisy. Powieść rozpoczyna się bardzo długim opisem uniwersum, w którym rozgrywa się akcja powieści, czyli pensjonatu Vauquer, którego każdy kąt jest szczegółowo opisany. Balzac używa wszystkich zmysłów w tym opisie (wzrok, zapach, słuch, dotyk), aby dać czytelnikowi złudzenie przebywania w realnym świecie. Jednak długość opisów sprawia, że wywołują one efekt odwrotny, mianowicie przypominają o tym, że czytamy powieść: na tym polega paradoks twórczości Balzaka, że chce on w swoich tekstach wiernie odtworzyć świat rzeczywisty, a jednocześnie sprawia, że funkcjonują one jako światy autonomiczne.

- Narracja wszechwiedząca. Głos, który opowiada historię wie wszystko, może być wszędzie naraz, zna myśli i uczucia każdej postaci i wie, co ich czeka. Jest to prototyp narracji wszechwiedzącej, gdzie narrator ma pozycję Boga, absolutnego pana stworzonego przez siebie wszechświata. Ten styl pisania jest jednak w tej powieści wykorzystywany w sposób złożony, ponieważ narrator przyjmuje kolejno punkty widzenia różnych postaci i regularnie oferuje osobiste wrażenia i refleksje.

- Postacie. Jedną z mocnych stron Balzaca jest umiejętność stworzenia galerii efektownych postaci, które wszystkie są niezwykle dobrze scharakteryzowane i sprawiają wrażenie żywych. Każda postać jest ilustracją określonego typu profilu, przedstawicielem jakiegoś typu lub manii. Stan społeczny, charakter, wygląd fizyczny (uważany za odbicie duszy) każdego z nich decyduje o jego losie. Balzac buduje w ten sposób swoiste obserwatorium natury ludzkiej w jej różnych odmianach.

- Powtarzające się postacie. *Ojciec Goriot* jest pierwszą powieścią, w której Balzac ponownie wprowadza postacie z poprzednich powieści. Ten proces stanie się jego swoistym znakiem firmowym. Dzięki niemu mógł nadać stworzonemu przez siebie światu więcej głębi i wiarygodności. Z jednej powieści na drugą, pojawiając się raz po raz, bohaterowie ewoluują, tak jakby po zamknięciu książek nadal prowadzili własne życie.

- Opis społeczeństwa. Przez całą swoją karierę Balzac kierował się ambicją opisania, poprzez swoje powieści, całego społeczeństwa, w którym ewoluowały. Ten obszerny projekt nazwał *Komedią ludzką*. Każda z jego powieści jest jak cegła dodana do tej konstrukcji. *Ojciec Goriot* również odgrywa tę rolę i pokazuje negatywne strony indywidualizmu i materializmu prekapitalistycznego społeczeństwa XIX wieku.

Balzacowi zarzucano niemoralność obecną w jego narracjach, gdyż zachowania wielu postaci oceniano jako niewłaściwe. Jego oryginalność polegała bowiem na tym, że pokazywał świat takim, jakim go widział, nigdy nie rezygnując z tematu, jakikolwiek by on nie był. Można więc powiedzieć, że Balzac należy do nurtu artystycznego i literackiego zwanego realizmem.

POWIEŚĆ W LICZBIE MNOGIEJ

Jednym z atutów *Ojca Goriota* jest to, że jest to powieść w liczbie mnogiej, w której mieszają się różne gatunki, różne postacie i różne miejsca.

Gatunki

Wszystko naraz, powieść jest:

- Historią inicjacji, bliską powieści przygodowej;

- Tragedią w trzech aktach, podobnie jak sztuka teatralna: pierwszy akt służy ekspozycji (opis uniwersum i bohaterów), w drugim rozgrywa się akcja (przygody Rastignaca, Vautrina i Goriota), a w trzecim następuje rozwiązanie (śmierć Goriota);

- Policyjną intrygą, w której Poiret i Mademoiselle Michonneau są wspólnikami zastawiającymi zasadzkę;

- Narracją o tragicznym wydźwięku (śmierć Goriota), która od czasu do czasu nawiązuje do baśni (bal Madame de Beauséant, na którym córki Goriota noszą niezwykłe suknie).

Bohaterowie

W centrum powieści znajdują się trzy postacie, z których każda ma swój własny wątek i przygody: Rastignac, Vautrin i ojciec Goriot. Narrator opowiada historię z perspektywy każdej z tych postaci po kolei, opisując świat tak, jak go widzą i zdając relację z ich myśli. Jednak to Rastignac pozostaje wątkiem spajającym powieść.

Miejsca

Mimo że akcja powieści rozgrywa się w Paryżu, samo miasto jest złożone i wielorakie, prezentujące różne rzeczywistości. Można wyróżnić co najmniej trzy różne uniwersa:

- Faubourg Saint-Germain, który jest domeną wysokich sfer, prestiżu i luksusu;

- Okolice Rue d'Artois, gdzie znajduje się mieszkanie wybrane dla Delphine i Rastignaca, które obejmuje cały prawy brzeg i gdzie można znaleźć "nouveaux riches", Bourse, mieszczan, kupców i finansistów;

- Okolica pensjonatu Vauquer, między Panteonem a Val-de-Grâce, pełna ubóstwa i nędzy.

DALSZA REFLEKSJA

KILKA PYTAŃ DO PRZEMYŚLENIA...

- Jakie główne cechy powieści balzakowskiej można odnaleźć w *Ojcu Goriocie*?

- Zbadaj pojęcie "mise en abyme" i znajdź jego przykład w powieści. Rozwiń i uzasadnij swoją odpowiedź, korzystając z badań.

- Jak można uznać tę powieść za historię inicjacji?

- Czy Rastignac może być postrzegany jako bohater pozytywny? Uzasadnij swoją odpowiedź, używając dokładnych przykładów.

- Jak można porównać *Ojca Goriota* do Hernaniego autorstwa Victora Hugo (pisarz francuski, 1802-1885)?

- Jakie elementy określają ten utwór jako powieść realistyczną?

- Porównaj sposoby opisu Vautrina i Rastignaca. Jakie znaczenie mają ich fizyczne wyglądy?

- *Ojciec Goriot* uznawany jest za powieść w liczbie mnogiej. Z jakimi gatunkami może być kojarzona?

- Powieść, mimo że jest dziełem fikcyjnym, może być wykorzystywana jako dokument historyczny i źródło. Dlaczego? Jakich informacji dostarcza?

- Czy historia ojca Goriota jest dziś nadal aktualna? Jak należałoby zmienić tę historię, aby pasowała do współczesnego kontekstu? Uzasadnij swoją odpowiedź.

DALSZE CZYTANIE

WYDANIE REFERENCYJNE

De Balzac, H. (2015) *Ojciec Goriot*. New York: World Classic.

OPRACOWANIE ŹRÓDŁOWE

Guichardet, J. (1993) *Le Père Goriot d'Honoré de Balzac*. Paris: Gallimard.

ADAPTACJE

Le père Goriot. (1944) [Film]. Robert Vernay. Reż. Francja: Regina Productions.

Le père Goriot. (1972) [film telewizyjny]. Guy Jorré. Reż. Francja: Radio-Télévision Francaise (RTF).

Le père Goriot. (2004) [Film telewizyjny]. Jean-Daniel Verhaeghe. Reż. Francja: Cipango Productions Audiovisuelles.

Chcemy usłyszeć od Ciebie, co się dzieje!
Zostaw komentarz na temat swojej internetowej biblioteki
i podziel się swoimi ulubionymi książkami w mediach społecznościowych!

Wydawca zapewnia o wiarygodności publikowanych informacji, co jednak nie może wiązać się z jego odpowiedzialnością.

www.50minutes.com

Master ISBN: 9782808693974
Papierowy ISBN: 9782808615372
Depozyt prawny: D/2023/12603/1817

Verhaal: © Primento

Projekt cyfrowy: Primento, cyfrowy partner wydawców.